AF322277

N'GAKIN (SANWI).

LA MISSION BINGER

I

LE CAPITAINE BINGER.

Il y a dix ans, un jeune lieutenant de marine, M. Louis-Gustave Binger, né le 14 octobre 1856, officier d'ordonnance du général Faidherbe, après un long séjour au Sénégal et plusieurs explorations dans le Soudan, au cours desquelles il étudia les mœurs et les diverses langues des indigènes de l'Afrique occidentale, conçut le projet de reconnaître la boucle du Niger, alors inconnue, et de relier nos établissements soudanais à nos factoreries du golfe de Guinée. Le gouvernement lui accorda cette mission, qui devait être à la fois géographique et politique, en vue de placer sous notre protectorat la multitude des petits États compris dans cette immense région, où nous n'avions pas encore pénétré.

Le lieutenant Binger s'embarqua le 20 février 1887 pour Dakar, d'où il se rendit à Bammako sur le Niger, point de départ de son expédition. De là, avec douze hommes seulement, tous Soudanais ou Sénégalais (deux domestiques et dix âniers), il se dirigea vers Sikasso, capitale du roi Tiéba, qu'assiégeait, à cette époque, le fameux almamy Samory (1). Le surlendemain de son arrivée devant cette ville, il se mit en route (2) pour Kong, la cité la plus importante de la boucle du Niger, et le principal centre commercial du Soudan. Le 12 mars 1888, il quitta Kong, afin de pousser une reconnaissance latérale vers le Mossi, et, après avoir parcouru les territoires du Dafina, il franchit la Volta noire, entra dans le Gourounsi et arriva le 8 juin à Bouganiéna et le 15 à Waghandougou, résidence d'un roitelet nègre despote qui l'empêcha de poursuivre son itinéraire jusqu'au Niger, en l'obligeant à rebrousser chemin.

Le vaillant explorateur revint à Bouganiéna, traversa ensuite le Gourounsi méridional, le Mampoursi, le Dagomba et le Gondja. Le 8 octobre, il atteignit sain et sauf Salaga, capitale du Gondja. Le 21, il était à Kintampo, puis il se transporta, presque sans prendre de repos, à Bondoukou. Le 5 janvier 1889 il rentrait à Kong, où il signa avec le roi et les chefs un traité, mettant tout ce pays sous le protectorat de la France. Le 26 janvier, à Dakhara, capitale du Djinimi, il obtint du roi Demba un traité analogue. Le souverain de l'Anno fit de même. Le 28 février, le lieutenant Binger était sur le point de s'embarquer à Attakrou, que baigne le Comoé, rivière tributaire du golfe de Guinée, lorsqu'il tomba gravement malade et faillit périr (3). Il se rétablit toutefois assez rapidement et put monter à bord de la canonnière de l'État *le Diamant*, qui atterrit le 20 mars à Grand Bassam, sur la Côte d'Ivoire (4). Sept semaines plus tard, le 11 mai, M. Binger était de retour à Paris. Il avait réalisé son dessein, au prix de difficultés qui paraissaient insurmontables au début, et, après vingt-sept mois de fatigues, il revenait en France, ayant accompli, sans une goutte de sang versée, une entreprise à la fois brillante et féconde en résultats. Grâce à lui, en effet, notre domaine africain, ou, comme on dit aujourd'hui, notre Hinterland, se trouvait agrandi de 250,000 kilomètres carrés.

Cette mission, si admirablement conduite avec autant de prudence que de persévérance, nous fournit des renseignements précis sur la géographie, l'industrie et le commerce de la boucle du Niger, et cimenta nos relations avec les naturels de cette partie de l'Afrique. Le gouvernement récompensa l'habile explorateur. Le ministre des affaires étrangères lui donna la croix de chevalier de la Légion d'honneur. Le ministre de la guerre l'avait déjà nommé capitaine, le 19 juin 1888. La Société de géographie de Paris lui décerna la grande médaille d'or (3 décembre 1889), et la Société de géographie de Stockholm, le prix de la Véga, grande médaille d'or (mars 1891) (5).

(1) Voir sur Samory *Campagne dans le Haut-Sénégal et dans le Haut-Niger*, par le général H. FREY. (Librairie Plon.)

(2) Il dut marcher à travers un pays inconnu, sous le soleil, du matin au soir, passant les rivières et les marais à la nage, trouvant les villages en ruine, dévastés par la guerre entre Tiéba et Samory, les chemins jalonnés par les cadavres.

(3) Il était atteint d'une fièvre bilieuse hématurique, et fut sauvé, grâce aux soins que lui donna un chef nègre, qui pourvut à ses besoins.

(4) On le croyait perdu. La maison Verdier d'Assinie avait envoyé à sa rencontre un autre explorateur, M. Treich-Laplène. Ils se rencontrèrent à Kong, reprirent route ensemble et arrivèrent tous deux sains et saufs au Grand-Bassam. M. Treich-Laplène mourut de ses fatigues en 1890.

(5) Le capitaine Binger, déjà connu par deux ouvrages importants parus en 1886, *Les routes commerciales du Soudan occidental* et un *Essai sur la langue bambara*, publia en 1891 un autre volume remarquable : *Esclavage, islamisme*

II

Le territoire français de la Côte d'Ivoire et le territoire anglais de la
Côte d'Or sont limitrophes. Les conventions entre la France et l'Angleterre relativement à la ligne de démarcation de leurs frontières respec-
tives dans la Haute Guinée dataient de 1889, après le retour du capitaine

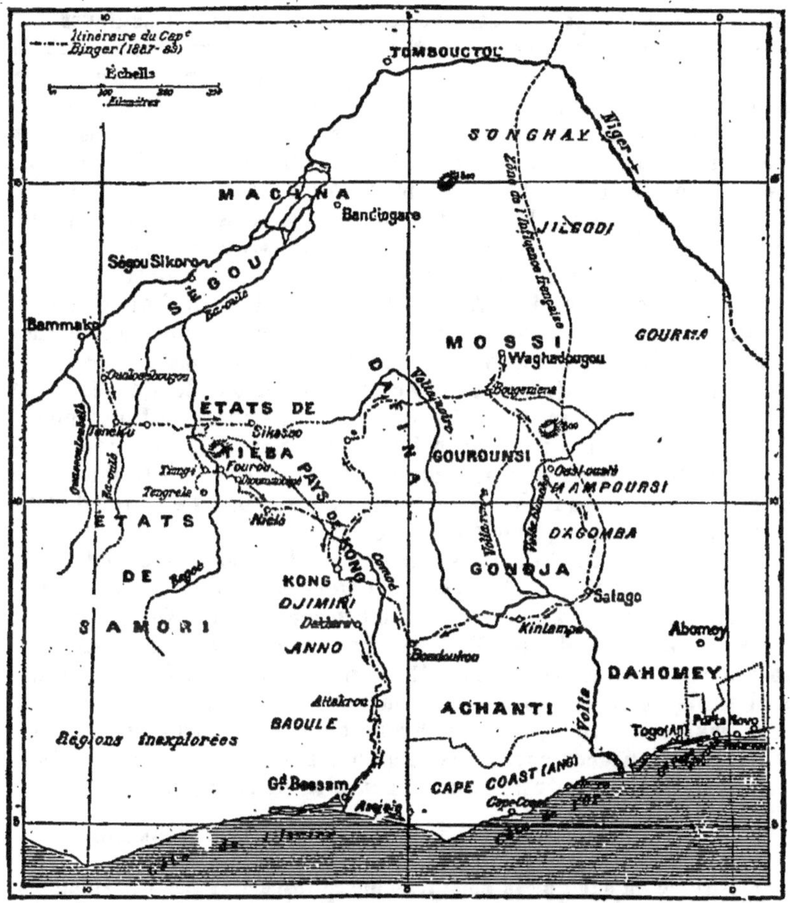

PREMIER ITINÉRAIRE DU CAPITAINE BINGER.

Binger. Elles prêtaient à des interprétations très différentes (1) : « La
frontière ayant pour point de départ Newstown sur la côte, devait suivre
la lagune de Tendo et celle d'Aby jusqu'à Nougoua. A partir de Nougoua, le tracé serait établi en tenant compte des traités respectifs conclus
par les deux gouvernements avec les indigènes, et il serait prolongé

et christianisme (1891, in-8°). En 1892, il fit paraître la relation de son voyage
Du Niger au golfe de Guinée, par le pays de Kong et le Mossi. (Hachette, 2 vol.
in-4°.)

(1) La France a eu fréquemment des difficultés avec l'Angleterre dans cette

jusqu'au 9e degré de latitude nord. » On ne tarda pas à s'apercevoir que cette clause ne pouvait être qu'une source de litige, et une seconde convention intervint le 26 juin 1891 ; mais, pour éviter tout conflit, il importait de procéder sur place à l'établissement de la frontière. Une commission mixte franco-anglaise fut nommée à cet effet. Le commissaire français était le capitaine Binger, qu'accompagnaient le docteur Crozat, le lieutenant Braulot et M. Marcel Monnier (1). Le commissaire anglais était le capitaine Lang. Ce dernier, jugeant que les intérêts de la colonie britannique n'étaient pas assez favorisés, ne tarda pas à soulever des objections en demandant que la frontière française fût reculée vers l'est. Le dissentiment ne s'arrêta pas là. M. Lang cherchait à remettre en discussion chacun des points du tracé. Bref, on ne s'entendit pas, il n'y avait qu'à rompre ou à s'en référer à Paris et à Londres. Les deux commissaires se séparèrent sans rien décider. En attendant la solution, la mission française entreprit dans l'intérieur un itinéraire de 2,000 kilomètres sur lesquels 4 à 500 kilomètres furent parcourus en pays inconnus.

La convention définitive, signée le 13 juillet 1894, donna gain de cause au capitaine Binger. Par cet acte, Nougoua, que nous contestait M. Lang, demeure en notre possession. La frontière est à cinq milles en amont de ce village. De là elle se dirige vers le nord, pour gagner Bamianko qui reste à la France ainsi que le village d'Abourouferrassi. La convention nous assure, en outre, le libre accès dans la boucle du Niger. Le tracé passe entre Bandagadi et Kirhindi pour atteindre la Volta noire, qu'il suit dans la direction du nord jusqu'au 9e parallèle. A partir de ce point, les limites restent indécises et ne seront fixées que « le jour où la France et l'Angleterre auront déterminé l'une et l'autre l'étendue de leur sphère d'influence dans la boucle du Niger ».

La mission Binger a déjà porté ses fruits. Les indigènes ont été frappés de son caractère pacifique et loyal. Elle nous a valu leur confiance et leur amitié. Celle-ci ne manquera pas de s'accentuer. Le Kong facilitera nos rapports avec le Mossi. Si notre protectorat n'est pas inactif, il améliorera les voies de communication entre la côte et l'intérieur des terres, il utilisera les cours d'eau de la boucle du Niger pour relier le Kong, le Dakhara, l'Anno, où nous avons déjà pied, plus directement à Grand-Bassam, qui acquerra de cette manière, en même temps qu'Assinie, une extension commerciale de plus en plus grande (2).

Charles SIMOND.

partie de l'Afrique au sujet de la zone d'influence respective des deux nations. Un pacte international a été conclu, il est vrai, à Berlin, entre toutes les grandes puissances pour éviter les conflits, en laissant à chacune d'elles toute liberté dans sa sphère de pénétration : mais l'Angleterre a plus d'une fois suscité des contestations dans le Soudan et tout dernièrement les renouvelait encore.

(1) M. Marcel Monnier a fait le récit de la seconde mission Binger dans son ouvrage intitulé : *France noire (Côte d'Ivoire et Soudan)*. (Paris, librairie Plon.) C'est à cet ouvrage, qui fait autorité, que sont empruntées les pages reproduites plus loin.

(2) Voir à cet égard l'excellent travail de M. G. Paroisse. (*Bulletin de la Société de géographie commerciale de Paris*, 1888.)

LA BOUCLE DU NIGER

I

ASSINIE

11 janvier.

Une bande de sable large de deux cents mètres, entre l'Océan et la lagune; un moutonnement de paillottes. C'est Assinie.

De la mer, le premier aspect n'a rien de déplaisant. Parmi les touffes de cocotiers, des cases de bambou coiffées de chaume. Les quatre factoreries piquent dans le paysage la note européenne. Immédiatement en arrière du village, un bout de lac miroite entre les palmes grêles. Au premier plan, la barre mugissante; au fond du tableau, les eaux mortes, la paix des forêts inviolées.

La population blanche, — si cela peut s'appeler une population, — compte en tout dix personnes. Notre arrivée équivaut à une invasion. Aucune maison ne pouvant nous héberger tous les cinq, on nous a recueillis du mieux qu'on a pu. Binger et Crozat logent chez l'administrateur; MM. Braulot et Gay (1) ont élu domicile à la factorerie Verdier. Pour moi, j'ai reçu l'hospitalité la plus cordiale chez l'agent de la Compagnie anglaise, M. Price. Nos tirailleurs ont assemblé quelques perches, étalé par-dessus une couche de

(1) Le lieutenant Gay, de l'infanterie de marine, commandait les vingt tirailleurs sénégalais, formant l'escorte de la mission.

feuilles et de roseaux, et se trouvent là comme chez eux. Assinie a pour un temps son quartier militaire, la parade et les exercices, à la grande joie des naturels. Le soir, la garnison organise une petite fête musicale et chorégraphique; sous les doigts d'un virtuose, un bidon vide remplace l'orchestre. A neuf heures, le clairon sonne l'extinction des pipes; le camp s'endort...

L'autorité supérieure est représentée par un administrateur colonial. Il habite de l'autre côté de la lagune, à dix minutes en barque, sur la lisière de la forêt, près du hameau de Maféa, dépendance d'Assinie. La Résidence s'élève sur l'emplacement de l'ancien poste militaire établi lors de la première occupation du pays, en 1842-43, ce qui, sans doute, lui a valu son nom : « le Blockhaus ». C'est une simple maisonnette, sans le plus petit appareil de défense, barrière ou palissade, et dont le chaume flamberait comme de l'amadou. Pied-à-terre provisoire, mais ce provisoire dure depuis quatre ans...

Un brigadier des douanes et quatre commis complètent le personnel administratif.

A voir leur gîte, on ne se douterait guère qu'entre les mains de ces pauvres gens passent, chaque année, de grosses sommes. Sur la plage, une paillotte vulgaire, entre les paillottes, telle est la douane d'Assinie (1). Elle est meublée d'un lit de camp à l'usage du chef. Les sous-ordres reposent à terre sur des nattes. Une malle vermoulue renferme, avec la défroque des employés, les registres et les espèces, les archives et la caisse. Rien de plus, pas une table, pas une escabelle. Le mobilier est en route, annonce-t-on. Il faut croire qu'on l'aura expédié par petite vitesse. En attendant, nous avons été assez heureux pour y suppléer par l'offre de nos fauteuils de canne achetés aux Canaries. C'est un commencement. Du luxe! L'essentiel viendra plus tard, s'il plaît à Dieu...

Il est difficile d'évaluer l'importance d'une agglomération noire. Assinie, à notre estimation, doit contenir près de quatre mille habitants. L'inégalité des forces des deux races en présence est éminemment suggestive. La position de cette poignée d'Européens vivant en sécurité au milieu d'une foule indigène en dit long sur le caractère passif des fils de Guinée et la malléabilité de l'âme moricaude.

*
* *

Nous avons, à présent, maison montée. Nos boys (2) ont commencé

______

(1) Cette douane est cependant importante. Le total des sommes perçues pendant le seul exercice de 1891 s'est élevé à 144,000 francs, et comme ces dépenses n'atteignent pas 50,000 francs, l'excédent a été de près de 100,000 francs. La colonie est en effet prospère. Ses quatre factoreries, en pleine activité, exportent l'acajou, la poudre d'or, le caoutchouc, l'huile de palme. Il faut y ajouter le café. Une seule plantation, appartenant à M. Verdier, compte 400,000 caféiers. (C. S.)

(2) Le boy (jeune garçon) fait office de domestique.

leur service. Les candidats étaient nombreux. Nos préférences sont allées à ceux des concurrents qu'une fréquentation assidue de l'école (1) avait le plus familiarisés avec notre langue, non que leur parler soit la correction même. Ils ont une manière à eux de se débrouiller parmi les singuliers et les pluriels, les genres et les temps. C'est la grammaire réduite à son expression la plus simple, la phrase allégée des vaines élégances, la beauté fruste, qui, tout d'abord, déconcerte; mais on s'y fait. Exemple : *Ma capitaine, dans ça village il y a toi gagner chèvre. Le chef il apporte.*

Traduction : « Mon capitaine, le chef du village vient vous offrir une chèvre. »

Dans le langage nègre, « gagner » est le verbe par excellence, la clef de voûte, la pierre angulaire; actif et auxiliaire, tout ensemble. Ses acceptions sont innombrables. « Gagner », c'est être, avoir, aller, prendre, recevoir, que sais-je encore? On « gagne » ici une foule de choses qu'il serait, avec la meilleure volonté du monde, difficile de considérer comme un gain. Un noir né dira jamais d'un défunt : « Il est mort », mais : « il a gagné mort. » Un joueur malheureux ne trouvera, pour confesser sa perte, que cette formule bizarre : « J'ai gagné perdu! » Tant pis si l'accouplement de ces vocables implique contradiction pour l'Européen. Le nègre est fier de ce français si pur!

Notre interprète, toutefois, s'exprime avec plus de recherche. L'homme répond au nom d'Ano. Ses services seront utilisés surtout dans les villages de la forêt, chez les peuples de race agni. Sur le plateau soudanien, nous rencontrerons les Mandés musulmans dont Binger s'est assimilé les différents dialectes lors de son voyage de vingt-sept mois du Niger au golfe de Guinée.

Ano est un garçon dévoué, affectant des allures européennes, et que sa faconde rendra précieux dans les palabres (2). Dans ses rapports avec nous, il use plus souvent d'un vocabulaire spécial emprunté moins au langage courant qu'à ses réminiscences scolaires, de précautions oratoires telles que « si j'ose m'exprimer ainsi », « me permettrai-je de... », « ce souvenir est gravé dans mon âme », au lieu de « je me rappelle ». Autant de périphrases prudhommesques qui, dans sa bouche, sont d'une irrésistible drôlerie. Très cérémonieux, si l'un de ses congénères, nu comme la main, se présente au campement, il ne manquera pas de l'annoncer ainsi : « Ce monsieur désire vous parler. » Et il faut voir la tête du « monsieur ».

Avoir pour valets des êtres nés sur les marches d'un trône, cela

(1) L'école d'Assinie compte une trentaine d'élèves, bambins, sous la direction d'un brave instituteur qui les initie de son mieux aux mystères de la langue française.

(2) Les palabres sont les entrevues avec les chefs africains. Ils se tiennent généralement sous un arbre et donnent lieu à des échanges de harangues et de présents. Les Européens ont besoin, dans ce cas, d'interprètes. (C. S.)

n'est point banal. Deux de nos domestiques, Aka et Ađingra, sont
des princes. L'un et l'autre eurent pour père le feu roi du Sanwi,

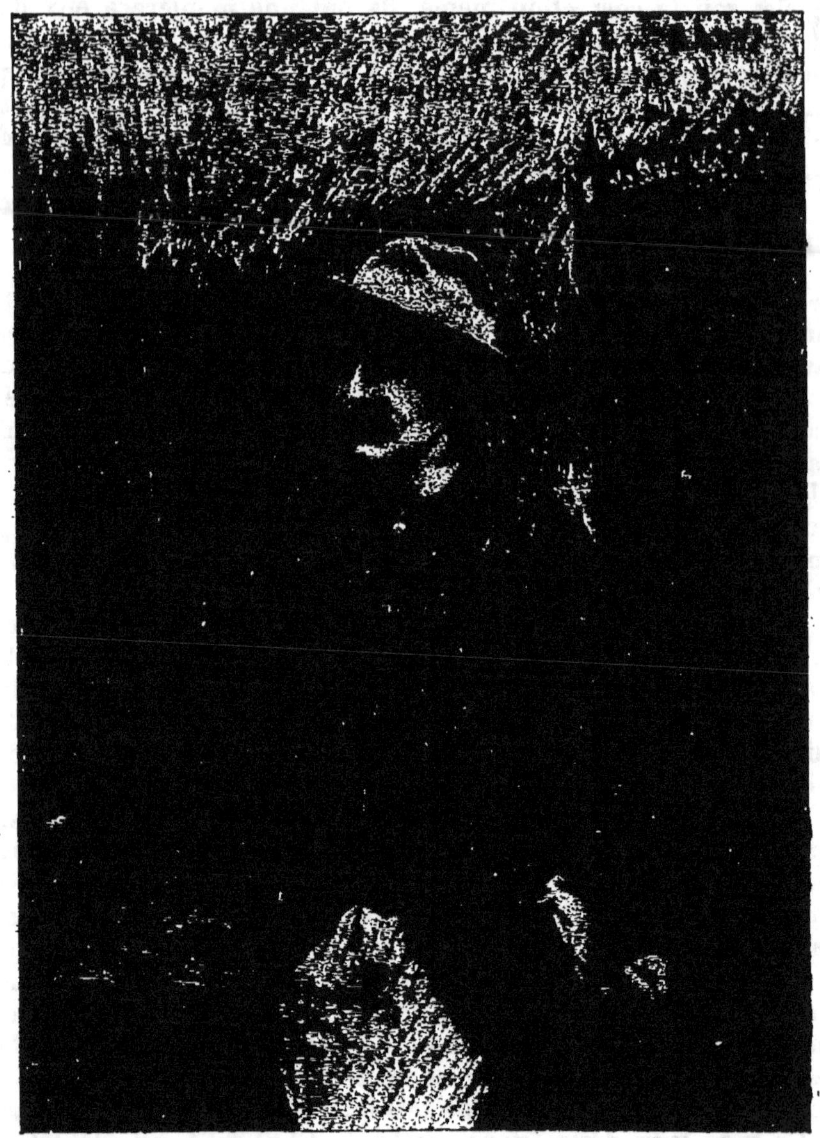

M. MARCEL MONNIER.

Amatifou, privilège qu'ils partagent d'ailleurs avec nombre de leurs
compatriotes.

Au surplus, la présence de ces jeunes gens ne pourra manquer
de rehausser notre prestige aux yeux des peuplades de la brousse,
auprès des chefs de l'Indénié et de l'Abron. Leurs attributions

sont multiples. Serviteurs, la plupart du temps, ambassadeurs à l'occasion; préposés tour à tour à l'entretien de la garde-robe et des relations internationales.

Kassikan, mon boy, est de source plus humble. Il m'a été recommandé par l'excellent instituteur d'Assinie dont il fut l'élève. Le père, un pêcheur du village d'Abry, sur la lagune, vient de me l'amener dans sa pirogue. Le gamin peut avoir douze à treize ans. Je l'ai jugé d'abord un peu frêle pour résister à de longues marches, et j'ai cru devoir émettre à cet égard quelques doutes : Kassikan les a dissipés d'un geste. Pirouettant sur ses jambes fluettes et se frappant les mollets, il s'est écrié : « Il y a bon pour marche! » Le garçon fera mon affaire. Il me semble d'un heureux caractère, actif et futé comme un singe. Nous sommes au mieux. Il me tutoie, cela va sans dire, et m'a déjà révélé le secret de son cœur. Kassikan a une bonne amie qu'il se promet d'épouser quand il sera un homme et qu'il aura fait fortune. Avec ses gages, — vingt-cinq francs par mois, — soigneusement mis de côté, il sera un parti sortable pour Mlle Amo; c'est le nom de sa bien-aimée. Mais un autre désir le travaille :

ALFRED.

échanger son nom barbare contre un nom de blanc. C'est là une des premières faveurs que les bambins fréquentant l'école demandent au maître. Il y est aussitôt fait droit : chacun se voit gratifié d'un prénom emprunté soit au calendrier, soit à la mythologie : Pierre ou Paul, Castor, Hercule. Et ils sont heureux. Kassikan, lui, a reçu en partage un dénominatif romantique. Je ne saurais rendre le ton pénétré dont il m'a dit :

— Appelle-moi Alfred !

— Va pour Alfred !

II

KRINJABO

20 janvier 1896.

Nous repartons dès le jour.

Ces brèves aurores sont exquises. Quelques minutes avant le soleil une brise se lève : au loin, sur les bois, des fumées traînent, les villages s'éveillent. Des pirogues poussent au large, sous leur voilure primitive, une lourde natte de fibres de palmier, parfois déployant un vieux pagne (1) dont le bariolage fait penser aux toiles enluminées que les pêcheurs de la mer Illyrienne hissent à leurs mâts.

En une heure et demie nous arrivons à l'extrémité du lac, à l'embouchure de la rivière Bia. Un banc de vase en défend l'entrée. Les eaux sont trop basses pour qu'une embarcation calant un mètre puisse franchir l'obstacle. Abandonnant la chaloupe à vapeur, on s'empile tant bien que mal dans les canots, et le voyage se poursuit à la pagaie.

La rivière est large d'une quarantaine de mètres, le courant imperceptible. Sur les deux rives, la futaie géante, serrée, le fouillis des palmes, des lianes, un double rempart d'un vert uniforme. Le regard, d'abord séduit par cette végétation puissante, par la magnificence des feuillages, se lasse bientôt de ce décor immuable. Une mélancolie avec un profond silence pèse sur ces solitudes. De loin en loin seulement, les ébats d'un plongeon, le ronflement d'un caïman, un vol criard de perroquets, le craquement d'un tronc qui s'effondre.

A de rares intervalles, un groupe de huttes; des filets qui sèchent; des enfants nus courant sur la berge, une femme occupée à piler des bananes, son dernier-né en croupe, ficelé dans le pagne, la tête ballante du marmot ponctuant chaque coup du pilon maternel; un bonhomme qui démarre sa pirogue et pique droit sur nous pour nous proposer, avec des gestes engageants, le vin de palme fraîchement préparé. Puis, la rivière décrit un coude, le rideau de verdure retombe, la case et ses hôtes disparaissent.

A mesure que le soleil monte, la paix se fait encore plus grande

(1) Le pagne est un morceau d'étoffe qui constitue l'unique vêtement du nègre.

dans la forêt, sur l'eau sombre, inquiétante, où des taches huileuses s'étalent.

Deux heures de cette navigation monotone, et nous voici à la hauteur de Krinjabo (1). Le village est à un kilomètre de la rivière, en pleine brousse.

Au bord de la crique où nous prenions terre, une vingtaine d'individus attendaient. L'un d'eux faisait flotter au bout d'une perche les couleurs françaises. Il y avait là plusieurs chefs, notamment l'un des porte-canne du roi brandissant une trique de bedeau à pomme dorée et coiffé d'un képi de colonel. Les salutations rapidement échangées, on se dirigeait vers la capitale en file indienne. L'exiguïté de cette route royale ne permet pas un autre ordre de marche. C'est, malgré tout, une noble avenue taillée dans la broussaille arborescente d'où jaillissent des plantes ornementales d'une rigidité métallique, les fûts droits des acajous chargés d'orchidées.

Des câbles de lianes fleuries s'entre-croisent au-dessus de nos têtes, passerelles secouées par des bandes de singes que notre approche met en fuite.

*
* *

Le roi qui veut bien faire les choses nous a logés chez lui. Non dans son palais, — Akassimadou, monarque ennemi du faste, n'a point de palais, — mais dans une case voisine de la sienne ; ce local est spécialement destiné à recevoir les blancs de passage à Krinjabo. L'idée est large, le local est étroit. C'est une bâtisse construite sur le modèle des factoreries, mais de dimensions beaucoup plus restreintes. Imaginez une sorte de caisson reposant sur un soubassement en pisé. L'intérieur est divisé en quatre compartiments. Dans chacune des pièces, deux personnes peuvent tenir sans être trop mal à l'aise : à trois, c'est un encombrement; à quatre, c'est une cohue. Une échelle de meunier donne accès à la galerie couverte qui fait le tour de l'édifice.

A peine installés, nous nous rendons chez Sa Majesté, au débotté. Simple affaire de politesse; le véritable palabre n'aura lieu que dans la journée. Pour le moment, il n'est nullement question du motif de notre visite. Des compliments de bienvenue, une enquête sommaire sur les santés réciproques, rien de plus : « Tu vas bien?... Moi aussi. — J'en suis charmé!... » Et l'on se sépare.

Le roi est moins convenablement abrité que nombre de ses sujets. Sa case est très basse, disjointe, branlante; le chaume de palmes a connu des jours meilleurs. Tout à côté, un appentis en bambou sert aux réceptions.

<hr>

(1) Krinjabo est la capitale du Sanwi, dont le roi devait fournir des porteurs à l'expédition Binger. (C. S.)

L'aspect du prince n'a rien d'imposant. Il est à demi paralysé et si faible qu'il ne s'exprime qu'à voix basse. Peut-être aussi ne faut-il voir dans ce susurrement qu'une attitude, le désir d'être compris au simple mouvement des lèvres. Akassimadou a dépassé la soixantaine, un âge avancé chez un noir. Il avait revêtu pour la circonstance un costume d'ordre composite : bicorne de général orné d'un plumet tricolore; tous les joyaux de la couronne, une profusion de colliers et de bracelets où les verroteries alternent avec les pépites d'or grossièrement martelées. Un long pagne cachait les jambes impotentes. Au-dessus de l'auguste personnage, un dignitaire soutenait à bras tendus un immense parasol en cotonnade rouge

Au palabre du soir, l'assemblée était nombreuse : la plupart des chefs y assistaient. L'étroite cour était bondée de spectateurs, foule curieuse et bruyante où chacun disait son mot, commentant en toute liberté les paroles des hauts personnages, à tel point que des protestations énergiques partaient du groupe où siégeaient le roi et ses conseillers. Le sans-gêne de ces réunions à la fois royales et populaires éclaire d'un jour singulier les relations entre gouvernants et gouvernés. En réalité, le pouvoir du monarque est loin d'être absolu. Celui-ci doit compter non seulement avec l'avis des principaux chefs, mais encore avec ce qu'on appellerait chez nous l'opinion publique. C'est une façon de discuter quasi familiale, rappelant, par plus d'un côté, ce que devaient être, aux temps primitifs de notre histoire, les *plaids* (1) orageux tenus en plein air, devant la multitude, entre les feudataires, la soldatesque turbulente et le chef élevé sur le pavois.

Par moments, le cercle qui nous presse se resserre au point que nous avons peine à respirer et qu'il est urgent d'enjoindre aux curieux de s'éloigner à distance plus convenable. On obéit de bonne grâce, mais presque aussitôt le mouvement enveloppant recommence; insensiblement, la quintuple rangée de têtes crépues se rapproche.

Le roi, cette fois, nous reçoit étendu sur un lit de repos, il a dépouillé la tunique à boutons dorés et le chapeau à plumes. Son pagne négligemment noué laisse à découvert le torse et la poitrine; un bébé de trois ans, absolument nu, prend ses ébats auprès du vieillard, tandis qu'une de ses femmes, debout, près de la couchette, écarte les moustiques à grands coups de son éventail de palmes.

L'entretien s'est prolongé plus d'une heure. Le capitaine Binger a expliqué au roi le but de la mission, faisant valoir tout l'intérêt qu'il y avait pour Akassimadou à ce qu'une ligne de démarcation

---

(1) Assemblées dans lesquelles on discutait les intérêts publics et débattait les procès. (C. S.)

définitive fût tracée entre son territoire et le protectorat anglais de
la Côte d'Or. Aucune mesure n'était plus avantageuse pour éviter,
dans l'avenir, de regrettables malentendus, des difficultés sans

LE MÉDECIN DE N'KOSSA ET SA FEMME.

cesse renaissantes, les démêlés de chef à chef, de village à village,
parmi les populations vivant sur la frontière. Akassimadou a compris cela ou a paru le comprendre. Aussi a-t-il accueilli sans sour-
ciller la conclusion du discours, la demande d'un contingent indis-

pensable de cent porteurs et de vingt pirogues ; les gens iront par la voie de terre nous attendre à Nougoua, où nous devons nous rendre en remontant le cours sinueux de la rivière Tanoé. Porte-faix et bateliers ont été promis séance tenante : des messagers allaient être immédiatement expédiés dans les villages pour rassembler le contingent.

Chaque homme touchera vingt-cinq francs par mois, plus la ration. Il est probable que la plupart marcheront par ordre, sans aucun enthousiasme. Plusieurs, cependant, tant à Krinjabo que dans les villages voisins, ne demandent qu'à partir. Des volontaires se présentent, très alléchés : de si beaux appointements, le désir de courir le monde ! Ceux-là ne sont pas les premiers venus ; sans être des chefs, ils appartiennent à ce que j'appellerai la classe aisée, la bourgeoisie krinjabienne. Ils possèdent quelques biens au soleil, un peu de poudre d'or, un captif ou deux.

Volontiers, ils nous accompagneraient à l'intérieur, vers ces pays de Bondoukou et de Kong dont les noms leur sont familiers, dont ils apprécient les lourdes cotonnades apportées de loin en loin du Soudan méridional par les Dioulas musulmans. Maintes fois ils ont remarqué ces marchands noirs comme eux, mais la face moins pleine, le regard plus vif, la démarche assurée. Ils les ont vus séjourner dans les villages et, à certaines heures, inclinés le front contre terre du côté où le soleil se lève, adorer une puissance inconnue. La présence de ces êtres a fait travailler leurs pauvres cervelles. D'où arrivaient-ils ? D'un pays où les hommes marchent vêtus, fabriquent des pagnes plus résistants, d'une race supérieure, d'une civilisation bien imparfaite encore, mais plus accessible que la nôtre aux âmes simples des peuples de la brousse.

Et voici que l'occasion s'offrait de visiter en nombreuse compagnie ces régions reculées de Bondoukou et de Kong, sans compter les royaumes Agnis de la forêt situés au nord de Krinjabo, l'Indénié, l'Assikaso, la Terre de l'Or. C'est là de quoi vous décider à quitter la case nouvellement bâtie, la ménagère et la marmaille, les délices de la vie paresseuse, pour aller chercher au loin la fortune, le fusil sur l'épaule, un ballot sur la tête.

III

LE MÉDECIN DE N'KOSSA ET SA FEMME (1)

20 février.

Aujourd'hui grande séance de médecine à N'Kossa, résidence d'un praticien renommé. Lui et sa femme possèdent mieux que

(1) En quittant Krinjabo, la mission française gagna, par les lagunes, la

personne le secret des simples et des venins. Cette réputation vaut
aux redoutables personnages la sympathie et la vénération géné-
rales. Qui ne voudrait être au mieux avec le féticheur (1)? Un mot
de lui peut perdre ou ruiner un homme. On sait qu'aux yeux des
indigènes la maladie, la mort sont moins des événements naturels
que les effets d'un sort jeté par un ennemi. Survienne un décès,
une épidémie, il s'agira de découvrir de qui émane le maléfice.
Chacun, étant exposé à se voir imputer la colique du voisin, doit
désirer, à tout hasard, se ménager les bonnes grâces du sorcier,
dont les décisions sont sans appel. D'ailleurs, il s'en faut que la
cérémonie tourne toujours au tragique. Si la coutume des victimes
expiatoires demeure en vigueur chez les peuplades de la forêt, le
sacrifice est esquivé neuf fois sur dix; l'inculpé s'en tire en versant
la forte somme. L'affaire s'arrange moyennant une ou plusieurs
onces d'or comptées à la famille et quelques épices glissées discrè-
tement au « médecin ». Celui-ci, il convient de le reconnaître, ne
se renferme pas exclusivement dans ses attributions divinatoires.
Il consent parfois à s'improviser guérisseur. Et cela est inappré-
ciable; car, s'il est intéressant de savoir de quoi l'on va mourir,
il est préférable encore d'être remis sur pied.

Le spécialiste fait de son mieux. Je viens de le voir en grande
tenue, coiffé d'une perruque d'herbes sèches, zébré de tatouages,
brandissant d'une main sa baguette magique, et de l'autre une
bouteille de gin, exécuter au chevet de son client une pyrrhique (2)
désordonnée. Une dizaine de femmes, — d'horribles vieilles, —
assises sur les talons, l'accompagnaient de leurs glapissements et

rivière Tanoé, dont elle remonta le cours jusqu'à Nougoua. Là, elle se rencontra
avec le commissaire anglais et sa suite. On convint de se partager la besogne
du tracé de délimitation. Les Anglais s'avancèrent vers le nord, sans quitter le
protectorat britannique, par le pays achanti; les Français firent route à travers
nos possessions du Sanwi et de l'Indénié. Les deux missions se réunirent au
village d'Attiébendékrou, à une cinquantaine de lieues de Nougoua. La mission
française se sépare en deux détachements; le lieutenant Braulot et le docteur
Crozat se dirigent vers la rivière Sougan, MM. Binger et Monnier sur N'Gakin,
où ils arrivent le 10 février. Ils entrent en forêt, suivent une voie à peine tracée
et coupée de ravins, de marigots, et atteignent N'Kossa, un des principaux villages du Sanwi. (C. S.)

(1) Les indigènes de la Côte d'Ivoire et de la boucle du Niger croient aux
esprits dont les fétiches ou les idoles sont les représentations. En outre, les
fleuves, lacs, sources, jusqu'au dernier des marigots (petite mare), sont, pour
les noirs, autant de personnalités distinctes, d'humeur généralement fantasque.
Il en est qui ne souffrent pas qu'on parle haut en leur présence, qui ne peuvent
pas supporter la vue des armes ou de telle ou telle couleur. Le Tanoé, paraît-il,
entre en révolte quand sur ses rives paraît quelqu'un vêtu d'un costume sombre.
Pour naviguer sur les eaux de cette rivière, il ne faut avoir sur le corps que
des étoffes claires. Le noir, le brun, le vert, sont rigoureusement proscrits. S'il
arrive un accident au cours de la navigation, c'est que parmi les passagers il y
en a un dont l'habit est d'une nuance qui déplaît aux esprits. Le docteur Crozat,
en paletot noir, faillit être cause d'un naufrage, dans l'opinion des naturels. Les
féticheurs, qui sont en communication directe avec les génies bons ou mauvais,
ont, dans ces conditions, une grande influence, qui s'augmente encore par leur
métier de médecin ajouté à celui de sorcier. (C. S.)

(2) Danse guerrière des anciens Grecs. (C. S.)

marquaient la mesure en frappant l'un contre l'autre deux bâton-
nets. Le malade avait été déposé à l'entrée de la case pour qu'il
ne perdît rien de la scène. Sur le seuil de la maison voisine, un
jeune ménage battait furieusement du tam-tam (1), sans doute afin
d'écarter les influences morbides. Il fallait, pour ne pas succomber
à ce charivari, que le moribond eût l'âme chevillée au corps. Au
moins il s'en irait plus gaiement dans l'autre monde.

La musique, les chœurs, les en-
trechats de convulsionnaire, n'ont
cessé que vers le matin. Au moment de partir, j'ai poussé une
reconnaissance du côté de la case
où régnait maintenant un silence
de tombe, avec l'idée d'assister à
des apprêts funéraires, lorsque
mon boy Kassikan qui avait filé
devant, aux informations, est venu
m'annoncer d'un air de triomphe
que le malade n'était pas mort :
il allait mieux, il « mangeait
fouto (2) ».

NAMAROU.

IV

NAMAROU

Elle nous apportait du lait, au
petit jour, dans la rosée, et le soir,
à l'heure où le bétail en pelotons
serrés, abandonnant les prairies,
se rassemble au centre du village,
dans les enceintes des cases rui-
nées, pour y dormir à l'abri des
panthères et des hyènes.

Du lait : boisson de captif, disent les noirs, chez qui pourtant
les mères donnent le sein à des nourrissons depuis longtemps
ingambes, à des polissons de trois à quatre ans. Pour quel motif
est-il plus dégradant de boire du lait que du *doha* (3) ou du *dolo* (4)?

(1) Tambour des nègres. (C. S.)
(2) Le *fouto* est le plat national de la Côte d'Ivoire. C'est un ragoût des plus
pimentés, flanqué de poires de banane et de manioc. (M. M.)
(3) Vin de palme.
(4) Bière de mil.

Le proverbe ne le dit pas. C'est là un de ces préjugés d'autant plus tenaces que rien ne les justifie. Il me suffit, sans l'expli-

POUPÉES FÉTICHES DES NÈGRES DU SOUDAN.

quer, de constater la surprise manifestée par les indigènes de Sapiasé lorsque les blancs ont demandé qu'on allât traire, à leur intention, les ruminantes aux pis gonflés, des vaches superbes, le pelage blanc et noir, modelées comme des bêtes de

Schwitz (1). J'ajouterai même que dans ces étonnements il entrait une pointe de raillerie. Aux heures des repas, dans notre salle à manger installée en plein air, sous un ficus, les bonnes gens formaient le cercle, très amusés, clignant de l'œil d'un air entendu.

Et c'était, à voix basse, des commentaires sans fin, coupés de rires étouffés, lorsqu'on nous voyait, la soif étanchée, une mousse blanche aux lèvres, replacer à terre la calebasse.

Namarou, elle, ne se mêlait point à ces démonstrations enfantines. Notre requête, le premier jour, lui avait paru très naturelle ; et, sans mot dire, se coiffant d'une écuelle renversée qui lui donnait l'aspect d'un tirailleur annamite, elle avait pris sa course vers les pâturages. Une heure plus tard, elle rapportait le vase empli jusqu'aux bords et le déposa devant la case, à la stupéfaction du populaire qui ne lui ménagea pas les quolibets. Mais elle n'était pas femme à s'émouvoir pour si peu. Notre laitière supportait ces choses en silence impassible. Les plaisanteries glissaient sur elle comme le rayon de soleil sur ses épaules nues sans laisser de brûlures.

Et tous les jours, son écuelle de bois en équilibre sur la tête, elle était revenue. Une paire de foulards, quatre rangs de perles, l'avaient récompensée de ses prévenances, et, sans aucun doute, l'espoir d'autres menus présents contribuait à entretenir son beau zèle.

Il s'en fallait néanmoins que Namarou fût une personne intéressée ! Comme tous les êtres pour qui la vie a été dure, la femme, aux pays noirs, est volontiers compatissante : son intelligence a des éclairs, son cœur des délicatesses inconnues au sexe fort. L'observation, d'ailleurs, serait également vraie sous d'autres latitudes.

Que Namarou eût eu des malheurs, cela ne faisait pas doute. De quelle nature ? On l'ignorait. Les tatouages tracés sur ses joues, sur sa poitrine, rappelaient moins les marques distinctives adoptées par les populations qui vivent entre le Comoé et la Volta que les incisions visibles beaucoup plus à l'ouest, dans le Diammala et le Djimini. Tout ce qu'on savait, c'est qu'elle était arrivée, il y avait de cela un nombre considérable de lunes, vêtue d'un lambeau de pagne et portant sur la tête, dans un filet, son petit bagage, une marmite en terre et des calebasses. Qui elle était ? D'où elle venait ? Captive en fuite, épouse répudiée ? Sur tous ces points, on en était réduit aux conjectures. Du reste, les gens l'avaient admise sans peine dans la communauté. Elle avait pris possession d'une case abandonnée, sans que personne songeât à lui en contester l'usage. Brin à brin, elle réparait le chaume, bouchait avec de la glaise les

____

(1) Canton de la Suisse qui a donné son nom à tout le pays (*Schwitzerland*, pays de Schwitz). (C. S.)

lézardes des murailles, battait le sol à coups de pierres. Et elle, vivait là paisible.

Depuis, son intérieur s'était animé par la venue de deux enfants, un garçon, une fillette, arrivés eux aussi on ne savait d'où.

Cette maternité ne semblait pas gêner Namarou. Les petits grandissaient, mêlés aux autres bambins du village, partageant leurs jeux. Tous deux, au surplus, se rendaient utiles. La fille écrasait déjà, comme une ancienne, le maïs et le mil dans un mortier de bois. A peine aussi haute que son pilon, elle le manœuvrait à tour de bras pendant des heures, n'interrompant sa besogne que pour vanner la farine sur un écran en fibres de palmier. Le garçon passait la moitié de sa journée sous le hangar du forgeron, à entretenir le feu au moyen d'un soufflet en peau de bouc, sur lequel il exécutait, des deux mains, avec une satisfaction évidente, des battements de tam-tam.

Namarou n'était point belle. Le front bas, les traits plutôt durs, la poitrine mieux conservée que chez la plupart des noires qui ont dépassé la vingtième année. Avec cela, très grande, haute sur jambes; des épaules de lutteur. A la voir assise sur les talons au seuil de sa case, ramassée, tassée sur elle-même, on n'eût jamais deviné sa taille majestueuse, sa robuste carrure. C'était, quand elle se levait, une détente de ressort; on cherchait dans le sol involontairement la trappe par où la longue apparition venait de surgir. Elle n'avait de véritablement beaux que les yeux, immenses, très doux, les calmes prunelles de Junon « aux yeux de génisse »

Simplement mise, elle portait un étroit pagne de Kong; mais, le plus souvent, une bande de *fou*, tissu naturel, écorce de teinte rougeâtre, qui lui ceignait les hanches. Pour toute parure, un collier de cuir auquel était suspendue une pépite d'or de la grosseur d'un pois; aux jambes et aux chevilles, quelques grosses perles de verre et des cauris (1) enfilés dans des cordelettes très serrées. Sa coiffure était celle des femmes Mandés, la chevelure soutenue par des postiches et relevée en cimier, avec deux petites tresses tombant sur les tempes, en cadenettes.

Particulièrement propre et soignée, la maison de Namarou avait dû jadis abriter une tribu. C'était la case malinké; ronde, en forme de ruche, mais d'un diamètre inusité, elle eût pu abriter vingt personnes. Mobilier plus que sommaire; trois nattes roulées, une dizaine de calebasses alignées par rang de taille le long du mur, c'était tout.

En revanche, attachés aux perches supportant la toiture, une multitude de gris-gris (2), des os, des queues de vache, des bouquets d'herbes séchées, des plumes de pintade et de perroquet,

(1) Coquillages tenant aussi lieu de monnaie. (C. S.)
(2) Amulettes.

ainsi qu'une poupée fétiche, odieuse figurine taillée dans une bûche.

Dans l'une des calebasses aussi vaste qu'un chaudron, un monceau de coton, la récolte de plusieurs mois, que Namarou filait et dont elle avivait l'éclat avec un peu de terre crayeuse qu'elle écrasait entre le pouce et l'index. Lorsqu'elle apportait son lait, l'écuelle déposée, elle s'asseyait à terre, prenait le fuseau fiché à sa ceinture et se mettait à l'ouvrage.

Elle passait de la sorte des matinées; le soir, elle demeurait là jusqu'au soleil couché, tandis qu'aux alentours s'allumaient les feux des cuisines, et que, dans la paix du crépuscule trop court, vers le ciel pâli les fumées montaient bleues.

**

Un matin notre amie ne parut point au camp selon son habitude. Les boys, partis aux informations, rapportèrent qu'elle était dans sa case : il y avait beaucoup de monde attroupé devant la porte. Mais Namarou ne viendrait pas; Namarou avait « gagné mort ».

Beaucoup de monde en effet devant la case, une foule ameutée par les cris des enfants qui, au réveil, avaient trouvé la mère les membres raidis, déjà froide. A l'intérieur, des vieillards, des notabilités, parmi lesquelles le féticheur, discutaient très animés près de la morte. Elle était là, sur sa natte, les mains crispées sur le pagne ramené jusqu'au menton, la tête rejetée de côté, les yeux grands ouverts!

Il était dit qu'elle s'en irait comme elle était venue, mystérieuse. Pays des agonies brèves, des accès foudroyants et, qui plus est, des subtils poisons versés par la main d'un ennemi ou d'un débiteur. Pour clore une discussion, pour apurer un compte en souffrance, rien de plus expéditif qu'une décoction de strophantées (1) Mais Namarou n'avait pas d'ennemis, de créances moins encore, la pauvre! Quelques poignées de cauris, la pépite d'or qu'elle portait au cou, c'était toute sa fortune. Quelqu'un l'avait frappée pourtant! On ne meurt pas comme cela naturellement! Les noirs le savent.

D'où venait le coup? d'un maléfice ou du démon? Sakarabrou (2)

<hr>

(1) Les strophantées (*strophanthus hispidus*) sont des plantes de la famille des apocynées (*asclepias de Syrie*), que l'on trouve particulièrement dans l'Afrique occidentale, au Gabon, dans la Sénégambie, etc., et dont la graine, servant au poison des flèches, contient une substance cristalline, amère, facilement soluble, glycoside, la *strophantine*, employée en médecine comme la digitale. (G. S.)

(2) Sakarabrou est, pour les nègres, le démon par excellence, en qui se résument les mille puissances du mal et des ténèbres. Il se manifeste à certaines époques, changement de saison, renouvellement de la lune. En ces occasions solennelles, un crieur parcourt le village, annonçant que Sakarabrou se montrera le soir. Cette nouvelle est pour les femmes un ordre d'avoir à se renfermer chez elles : la coutume leur défend d'assister à ces cérémonies. Sakarabrou

a de ces colères. Et malheur à ses victimes ! Il les poursuit jusque
dans la mort, étouffant les plaintes des parents, imposant silence

aux voix amies. Il fait le vide autour du cadavre qui ne connaîtra

paraît la nuit, le corps emprisonné dans une robe en longues fibres de palmes,
le chef recouvert d'un postiche représentant une tête hideuse de dragon, cor-

pas le repos de la sépulture dans la case ou près du village, sous un tertre orné des bons fétiches, de touffes de plumes, de fruits sauvages, piqués sur des bâtons, de calebasses qu'emplit la rosée, où viennent boire les oiseaux. La dépouille maudite sera jetée au loin dans la brousse, à la merci des panthères et des vautours Telles sont les funérailles que l'on accorde à quiconque s'est attiré la haine de Sakarabrou.

On saurait vite à quoi s'en tenir sur les causes du décès. Le féticheur avait fait un signe, les curieux s'écartaient, livrant passage à deux hommes qui portaient une espèce de civière, quatre bâtons arrachés à une toiture, liés ensemble, un appareil bien frêle, bon pour un enfant, jamais la longue Namarou ne s'y étendrait. Aussi n'était-il pas question d'opérer la levée du corps, mais d'attacher sur ce brancard différents effets ayant appartenu à la morte : son pagne d'abord, puis ses fuseaux, des écuelles, plusieurs des gris-gris pendus aux murs, les objets témoins de sa vie, témoins de sa mort. Eux diraient qui l'avait fait mourir, ils conduiraient les porteurs chez celui qui avait jeté le sort.

Namarou semblait suivre ces mouvements, les yeux fixes, les prunelles dilatées comme par l'épouvante.

Et voici qu'on la laisse, sur sa natte, seule dans la case dévastée. Le groupe des anciens, le féticheur et ses acolytes, portant la civière, se dirigent, escortés par la foule, vers la demeure des fétiches, le temple de Sakarabrou, enceinte palissadée enveloppant un arbre à demi mort dont le vieux tronc est fouillé de cavités béantes. Là sont déposés des fruits, des plats de *fouto*, offrandes aux mauvais génies ; inutile de se mettre en frais pour les bons ; on ne flatte que ceux qu'on redoute. A une basse branche pendent les guenilles que revêt le démon lorsqu'il apparaît dans le cercle des danseurs, à la lueur des torches, les soirs de grande fête ; la tunique de feuilles, la tête de dragon à la gueule menaçante. Et sous cette défroque, le vulgaire croit à la présence réelle. Invisible, impalpable, Sakarabrou est là, il plane dans le rayon de soleil, dans la poussière que le vent soulève. C'est lui que le féticheur invoque en touchant de sa baguette les hardes de la morte.

Les deux hommes ont placé la civière sur leur tête ; frémissants, ils attendent, ils hésitent. Indifférents tout à l'heure, un frisson les secoue, leurs faces se convulsent ; ils fléchissent sous le léger fardeau. Ils ne s'appartiennent plus, un singulier phénomène de suggestion en fait les dociles instruments du sorcier qui, d'un geste irrésistible, les ploie, les lance en avant.

nue. Chacun est censé ignorer le nom de l'acteur affublé de cette défroque. Celui-ci prend au sérieux son rôle de démon, pousse des cris inarticulés, rugit et bondit, tandis qu'autour de lui une ronde furieuse tourbillonne à la lueur des torches. Puis, au plus fort de la danse, rompant le cercle, il s'enfuit à toutes jambes et disparaît sans que personne s'avise de le poursuivre. (M. M.)

Ils détalent, ils bondissent, parcourant le village en tous sens, heurtant les cases de-ci de-là. Parfois ils s'appuient à une porte, aux écoutes, et repartent d'un train fou.

De l'endroit où nous sommes, sur une éminence, à l'entrée de Sapiasé, le terrain s'abaisse en pente douce, le regard suit toutes les péripéties de la chasse. Et ce sont des cris, des protestations enragées, lorsque les coureurs, buttant contre une cabane, ruisselants de sueur, pantelants, font halte une minute pour reprendre haleine. Le propriétaire, qui craint d'être désigné comme fauteur du sortilège, se défend avec véhémence, prend les assistants à témoin. On le connaissait. Est-ce qu'il était capable de vouloir du mal à qui que ce fût ? Pourquoi donc aurait-il « fait fétiche » contre Namarou ? Il n'avait rien à lui reprocher : ils étaient amis. Mais les coureurs s'éloignent ; ils s'apaisent.

Cela dure des heures. Et je songe à l'autre, à la trépassée, oubliée là-bas dans sa hutte, les yeux grands ouverts, qui attend.

Il est plus de midi quand, pour la vingtième fois, les deux énergumènes reviennent près de l'enclos sacré, où ils s'arrêtent enfin haletants, une écume aux lèvres. Ils s'adossent, têtus, à la palissade, d'où l'on ne peut les arracher. Le crime n'a pas été commis par un humain. C'est de là que, la nuit dernière, les fétiches ont frappé Namarou. Elle est jugée maintenant, son corps ne reposera pas dans la terre.

Alors éclate une clameur féroce, un concert d'imprécations ; la meute se rue à la curée. On amène au milieu de la place les tam-tams géants creusés dans un tronc d'arbre, et l'orchestre prélude à petits coups. Puis la cadence s'accélère, le bruit s'enfle en grondement d'orage.

Namarou a été roulée dans une natte : on l'apporte, on la traîne pour mieux dire ; dans la bousculade, la sinistre bourriche crève, la tête pend, raclant le sol de son haut chignon en cimier. Et le corps jeté à terre, autour une ronde s'organise. D'abord serrés les uns contre les autres, marquant le pas, l'échine courbée, les bras ballants, les danseurs se redressent et partent d'un vertigineux galop. Dans un poudroiement de sable rouge, le village entier, un millier de personnes, tourbillonne, les enfants et les femmes, les jeunes mères elles-mêmes avec leur marmot pendu en sautoir comme une giberne. Le féticheur et ses gens, à coups de martinet, activent le branle : sur les épidermes en sueur, les lanières claquent avec un bruit de linge mouillé.

Le tapage a mis en fuite les animaux domestiques ; moutons et chèvres se sauvent dans la brousse ; les poules effarées sont perchées sur les toits. Et, massées dans la prairie, les vaches inquiètes cessant de paître, le mufle tendu, regardent.

Au plus fort du tumulte, des hommes se précipitent, s'emparent du cadavre, et l'emportent en courant vers les bois.

Pendant une heure encore, la danse et les chants ont repris avec un redoublement de furie. Puis, subitement, les trépidations de tam-tam cessent. Trois coups largement espacés, et tout se tait. La chaîne est rompue : à pas lents, muette, la foule se disperse, les habitants rentrent chez eux, apaisés, dans la sérénité du devoir accompli.

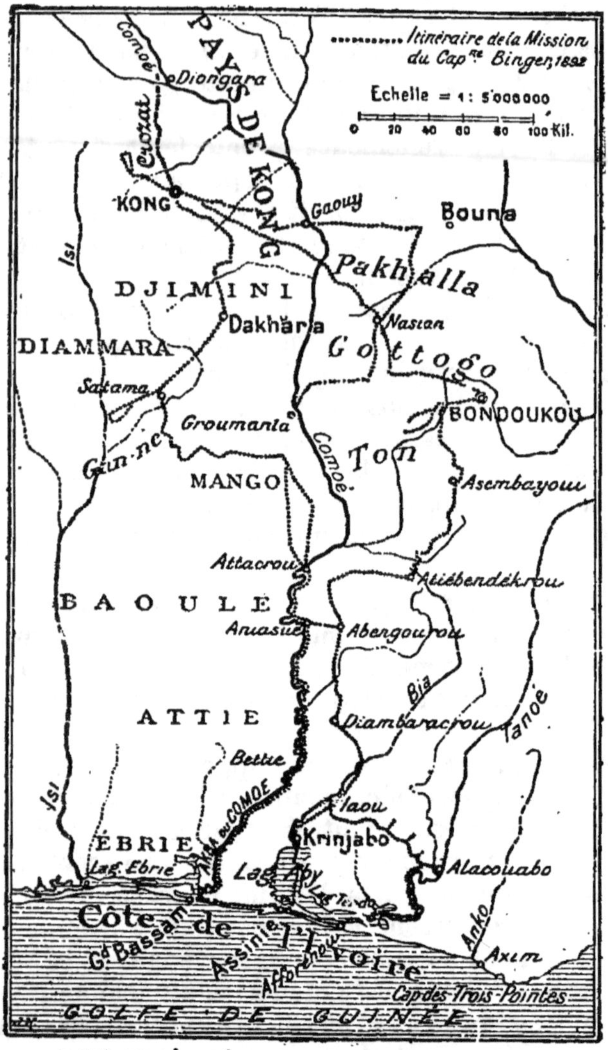

Le soir vient. Le village est retombé à son train de vie accoutumé. Des ménagères vont puiser de l'eau, les pilons retentissent dans les mortiers, broyant le maïs et le sorgho. Le forgeron, sous son hangar, façonne les engins de culture et de guerre; les cuisines s'allument et, des cases en forme de ruche, les fumées montent vers le ciel pâle.

CARTE DE L'ITINÉRAIRE DE LA SECONDE MISSION DU CAPITAINE BINGER.

V

CHEZ SITAFA

Le 29 avril, à dix heures du matin, après une traite de cinq heures, assez fatigante, nous faisions notre entrée dans Bondoukou (1)

(1) Après leur départ de N'Kossa, le capitaine Binger et M. Marcel Monnier, avec leur escorte, traversent l'Indénié, la brousse. Ils y retrouvent le lieutenant Braulot, qui les avertit des intentions du commissaire anglais. Le doute n'est plus possible à cet égard lorsqu'on arrive à Atiébendékrou, lieu convenu du rendez-vous. Le capitaine Lang y dévoile sa tactique, et les opérations de la délimitation sont suspendues. La mission française se décide alors à visiter

Le premier aspect est des plus inattendus. Adieu les abris de

palmes des villages forestiers, les cases rondes! Toits en terrasse,
murailles de brique séchée au soleil, le tout formant une masse

les principaux petits États nègres avec lesquels on a fait des traités au cours
du premier voyage du capitaine Binger. Elle passe ainsi trois mois dans la
brousse, s'arrêtant en divers villages, et arrive enfin à Bondoukou, capitale
d'un pays fétichiste, qui compte 7 ou 8,000 habitants. (C. S.)

compacte couleur d'ocre jaune au centre d'une immense clairière
où des centaines de bestiaux pâturent.

Vue ainsi de loin, dans la lumière éblouissante, avec sa mosquée
au minaret pyramidal, ses crêtes de murailles agrémentées d'orne-
ments en pointe, la ville se montre à son avantage. On dirait
vraiment d'une capitale.

En y regardant de plus près, le tableau change, la belle ordonnance disparaît. C'est la cité saharienne, avec son dédale de
ruelles, ses maisons massives prenant jour sur des cours. Le
vieux Biskra (1) moins les dattiers ; mais un vieux Biskra croulant,
vermoulu, fétide, émergeant à peine de la couche d'immondices
accumulée par les siècles. La perfection dans le délabrement. Tout
ce que l'islam si riche en guenilles, en vermine éparse dans la
poussière dorée, nous fait entrevoir ailleurs, semble atteindre ici
son apothéose. L'incurie poussée à ce point touche au sublime.
L'ordure ainsi mise en valeur tient du génie.

La population ne doit pas être inférieure à trois ou quatre mille
âmes. Travailleuse et active, elle donne par son va-et-vient conti-
nuel l'illusion d'une communauté beaucoup plus nombreuse.

La fraction de la race Mandé-Dioula qui s'est implantée ici
depuis deux ou trois siècles, sinon davantage, n'a cessé d'y pro-
spérer. La position, commercialement parlant, était du reste fort
bien choisie. Placés sur la ligne de partage des bassins de la Volta
et du Comoé, les nouveaux venus n'ont pas tardé à monopoliser
le trafic entre cette partie de la boucle du Niger et du littoral.
Industriels, commissionnaires, prêteurs sur gages, ils font tous les
métiers, prêts à spéculer sur tout, sur l'or et sur les cauris, sur les
kolas et sur les captifs.

La race est belle, de carrure forte, d'allure plus décidée, plus
virile que la population de Samssi et de l'Indénié. Les femmes ont
la démarche légère, une grâce inconnue dans les villages de la
forêt, où la compagne de l'homme est, le plus souvent, ravalée à
l'état de bête de somme. Nombre des jeunes vendeuses circulant
à travers le marché, la corbeille ou la calebasse sur la tête, posée
un peu de côté comme un bonnet de police par un prodige
d'équilibre, sont autant de bronzes florentins qui raviraient un sta-
tuaire.

Au demeurant, tous, du petit au grand, importuns, loquaces et
sans gêne, à l'égal de leurs congénères des pays voisins, avec un
air de supériorité prétentieuse, un parler onctueux, des gestes
bénisseurs dont on se lasse vite.

Tout le monde ici est « Karamokho » (homme illustre), s'il n'est
déjà « Allahmokho » (homme de Dieu). « Karamokho » l'individu
qui vient vous vendre un mouton, des ignames, des bananes ;

(1) Biskra, ville d'Algérie dans le département de Constantine.

« Allahmokho » le négociant exhibant à sa clientèle des pagnes à ramages et des amulettes, le mendiant qui, la nuit tombée, psalmodie sa prière de maison en maison sur un rythme d'enterrement. Cette profusion de titres honorifiques a je ne sais quoi d'agaçant. C'est comme si chez nous chacun, du porteur d'eau au ministre, se donnait de l'altesse ou du monseigneur.

La maison de Sitafa, notre hôte, est un spécimen accompli d'une installation d'homme riche à Bondoukou.

Sitafa est l'un des notables de l'endroit, le plus cossu peut-être. Il a de la monnaie plein ses coffres, guinées anglaises et sachets de poudre d'or : il possède des pépites grosses comme le poing, je ne sais combien de mètres cubes de cauris.

Une légion de captifs vaquent à son service.

« Captif » est, par parenthèse, l'euphémisme pour désigner ici l'esclave. Il existe, au reste, une différence marquée entre la situation du « captif » et l'esclavage tel qu'il est pratiqué sur d'autres points du continent noir. Le captif est, presque toujours, acheté tout enfant sur les marchés de l'intérieur, à la suite de guerre. Une fois chez son maître, il fait, en quelque sorte, partie de la famille, y prend femme, et n'est point exposé à passer de main en main, comme un article d'échange, sinon en punition d'une faute grave. Souvent il est chargé de missions de confiance. C'est lui qui, pour le compte de son maître, colportera des marchandises, conduira une caravane de l'intérieur à la côte et recevra, en retour, une prime modique qui, peu à peu, lui constitue un pécule. Le maître, en plus d'un cas, lui donnera des marques d'attachement, lui fera, en mourant, un legs parfois important. Si le captif n'obtient pas sa liberté, sa descendance a chance de s'affranchir. J'ai vu un homme de position indépendante, ayant gagné dans le commerce une certaine fortune, dont le père était captif dans la famille de notre hôte. Les relations étaient demeurées, de part et d'autre, affectueuses. Ce descendant de serfs, parlant de lui-même, disait, non sans fierté : « Je suis un homme de Sitafa », du ton dont un laird (1) des vieux clans d'Écosse se serait écrié : « Je suis un homme de Douglas ! »

La position du captif, au moins dans cette partie du Soudan, n'est pas sans offrir quelque analogie avec celle du *famulus* (2) antique.

Sitafa a autour de lui bon nombre de ces familiers, une cinquantaine environ. Le principe de la division du travail est strictement appliqué. Chacun a sa besogne déterminée, qui n'est jamais bien

(1) Seigneur, propriétaire, chef de clan. On sait que le « clan » est, en Écosse, une tribu formée d'un certain nombre de familles réunies sous un chef, ayant, d'ordinaire, le même surnom, et supposées descendre d'un même ancêtre. (C. S.)

(2) Esclave domestique ; on l'appelait aussi *puer*. (C. S.)

lourde et dont il s'acquitte à sa guise avec un sans-façon remarquable. Il y a le captif du cheval, le captif de la vache, celui des moutons et de la volaille, chacun spécialement préposé à la garde et aux soins de ces divers animaux; le captif chargé de balayer la cour — une sinécure! — le porte-clefs; l'homme qui prépare le lit du maître, etc., etc.

Les métiers de notre homme sont multiples. Sitafa est un vrai Protée (1), tour à tour marchand, entrepositaire, courtier, changeur, entrepreneur de transports. « Homme illustre », cela va sans dire, « homme de Dieu » pas pour un sou, pratiquant la manœuvre des faux poids ou le jeu des deux balances, une pour la vente, l'autre pour les achats, avec une effronterie qu'eût enviée Robert Macaire. Ce qui n'empêche pas le drôle de faire des salâms (2) à grands gestes, pour la galerie, en suppliant Allah de bénir son petit commerce. Bon diable au demeurant, et grossier comme pain d'orge. Mais son industrie maîtresse est celle de *diatiké* ou logeur. C'est lui qui héberge les voyageurs et les caravanes. Il est le Grand-Hôtel de l'endroit.

La maison occupe un espace très vaste. C'est une façon de caravansérail (3), une suite de cours encadrées de bâtisses très basses, crevassées, fleurant la crasse et la moisissure séculaires. Une entrée unique pour les gens et pour le bétail. On y accède par les ruelles les plus étranglées de la ville, parmi des monceaux d'ordures et de déjections où il est difficile de ne pas piétiner.

L'habitation principale, située dans la première cour, ce qui lui vaut le privilège de servir de passage à la valetaille et aux animaux domestiques, rappelle, en petit, le préau d'un maison centrale : quatre murs percés d'une demi-douzaine de cellules sans jour, sans air, où l'on ne pénètre qu'en se courbant. Les murailles ont trois pieds d'épaisseur, le plafond de perches entre-croisées, qui supporte la terrasse, est à peine élevé de deux mètres. L'intérieur de ces antres est égayé par un badigeon de bouse de vache.

La vermine pullule : punaises, cancrelats, araignées grosses comme des crabes. La température, nuit et jour, ne descend jamais au-dessous de trente degrés. Impossible de fermer l'œil. Le soir venu, nous traînons nos couchettes dans la cour, préférable, à tous égards, en dépit de la promiscuité qui y règne et des senteurs qu'elle exhale.

---

(1) Personnage mythologique. Fils de Neptune (dieu de la mer), il pouvait, à son gré, revêtir toutes les formes. (C. S.)
(2) Révérences profondes. (C. S.)
(3) Vaste hôtellerie pour les caravanes. (C. S.)

VI

KONG (1)

Vendredi, 3 juin.

Une semaine écoulée déjà. Je ne puis dire qu'elle ait passé vite. Le malheur des villes comme celle-ci, c'est qu'on n'y saurait chercher autre chose qu'une impression, très vive, à coup sûr, mais

KONG. — UNE PLACE DANS LE QUARTIER DE KOURILA.

rapide. L'implacable régularité de l'existence, l'exacte répétition des mêmes scènes aux mêmes heures, l'exiguïté du cadre, ne tardent pas à émousser l'attention. Le tableau est de ceux qui devraient, à peine entrevus, s'estomper et disparaître comme une apparition rêvée.

L'aspect de la ville est à la fois soudanien et saharien. Les pal-

(1) Kong, avant la première arrivée du capitaine Binger, était pour les Européens la ville mystérieuse. Elle renferme 10,000 habitants, population calme, laborieuse, se livrant à la fabrication des étoffes, des tissus, des palmes de diverses couleurs qui s'échangent contre le sel, le poivre, les noix de kola, l'or apportés de Salaga et du Soudan oriental. (C. S.)

miers à huile remplacent le dattier ; le désert, c'est la plaine environnante. En fait de constructions, c'est l'éternelle bâtisse des oasis, le cube de terre brune consolidé par des madriers, les murs tour à tour effrités par le soleil et lavés par les pluies. Une capitale, cependant, une des plus grandes agglomérations soudaniennes, la plus remarquable, peut-être, par le caractère de ses habitants, uniquement adonnés au commerce et à l'industrie. C'est l'un des rares points du continent noir où il soit permis d'observer une société policée, l'effort d'une civilisation très primitive, mais essentiellement originale et pacifique.

Kong est infiniment moins sale que Bondoukou, bien que le chiffre de sa population soit six à sept fois plus élevé. Les miasmes délétères sont moins persistants, en raison sans doute de l'altitude (environ 700 mètres). A ces hauteurs le vent a raison de l'infection. Bâtie sur une croupe allongée, la ville est rafraîchie par la moindre brise. Les environs, sauf quelques groupes de gros arbres, servant de *dormoirs* aux bestiaux, sont déboisés à perte de vue. A cette époque de l'année, cette immensité est d'un vert cru de gazon anglais, l'ensemble du paysage d'un charme infini. — Et la grâce, le charme, sont choses si rares sur ce continent morose ! — La ville, surtout vue du nord-ouest, dorée par le soleil couchant, avec les minarets pyramidaux de ses cinq mosquées, les palmiers détachant leur fine silhouette sur le ciel, les terrasses superposées où des groupes de fidèles apparaissent à l'heure de la prière, est une vision inoubliable. C'est de ce côté que Binger vit Kong pour la première fois, et j'imagine quel dut être son saisissement.

Karomokho-Oulé-Ouattava, le roi de Kong, est un homme d'environ soixante-quinze ans, de physionomie très avenante, le teint assez clair, presque jaune. Les yeux sont vifs, la mâchoire dégarnie met sur ses lèvres pincées un pli d'expression quelque peu narquoise ; mais l'ensemble des traits est d'une grande douceur, d'une majesté simple, quasi paternelle. Un collier de barbe blanche encadre ce visage d'ascète éclairé d'un sourire. C'est assurément, avec l'almamy de Bondoukou, la plus remarquable figure de noir que nous ayons vue jusqu'ici. Au rebours des chefs, le roi était très simplement vêtu : un ample boubou en tissu de coton d'une blancheur immaculée. Pas un ornement, ni collier, ni amulette, rien qu'un énorme chapelet à gros grains roulé autour du poignet. Ouvert sur ses genoux, un exemplaire du Koran, qu'il feuillette avec amour, un cadeau de Binger qui le lui avait fait parvenir par le capitaine Menard (1).

(1) On avait perdu les traces de la mission Menard depuis son passage à Kong, en décembre 1891, et l'on n'était pas sans inquiétude sur son sort. Le premier courrier distribué à Kong contenait une triste nouvelle. Une dépêche

Le ton cordial de la réception que nous fait le roi dans sa case, les petits soins dont nous sommes entourés, tout nous prouve que nous sommes bien chez un ami. Il a voulu procéder lui-même à notre installation dans des habitations fort propres, dont les alentours avaient été scrupuleusement balayés. Ce musulman, qui ne boit aucune liqueur fermentée, avait poussé la prévenance jusqu'à faire préparer pour ses hôtes force jarres de dolo. Et sa joie de revoir les blancs, l'affectueux intérêt avec lequel il questionna Binger sur son voyage, sur sa santé, sur la France, dont, plus que jamais, il se proclame l'allié fidèle!... Tout cela n'est point joué. C'est la sincérité même. Karamokho-Oulé nous parle de son désir de voir à bref délai les relations commerciales s'établir entre le pays de Kong et les postes français de la côte. Mais la côte est si loin, les chemins si peu sûrs! Les gens viendront à nous pourtant, ils viendront aussitôt après la saison des pluies...

Nous avions résolu de repartir de nuit, profitant de la pleine lune, afin d'échapper à la réverbération solaire sur les plaines déboisées, dont nous avions fort souffert à l'aller. Il était à peine deux heures et demie quand notre petite troupe sortit du camp royal. En dépit de l'heure, Karamokho-Oulé était debout, prêt à nous accompagner un bout de chemin. Tout en marchant, appuyé sur une courte lance, en guise de bâton, il donnait à notre diatiké ses dernières instructions, afin que nos sauf-conduits fussent préparés dès notre retour à la ville. Ces sauf-conduits nous assureront un bon accueil de la part de tous les chefs en relations plus ou moins suivies avec Kong (1).

En ce qui concerne le docteur Crozat, le roi insiste pour qu'il ne prenne pas, ainsi qu'il en avait l'intention, la route directe de Sakhalo, route dangereuse, dit-il. Samory, l'un de ses chefs, se chargera de le faire passer un peu plus au nord, par un itinéraire plus long, mais sûr. Il voyagera sous sa sauvegarde, pendant quinze ou vingt jours, jusqu'à la route de Téngréla (2).

du gouverneur du Sénégal, transmise par le résident de Grand-Bassam, nous apprenait que le capitaine Menard et cinq de ses tirailleurs sénégalais avaient été massacrés par les gens de Samory, non loin de Sakhala... A coup sûr, les chefs de Kong ont eu connaissance de ces faits. S'ils n'en ont soufflé mot, se contentant de répondre, lorsque nous nous informions de notre compatriote, qu'ils l'avaient vu partir en bonne santé, on ne saurait pour cela les accuser de fourberie. En semblable occurrence, la plupart des noirs agissent sous l'empire de ce sentiment, qui nous fait hésiter longtemps avant d'affliger un ami par l'annonce d'une mauvaise nouvelle. S'ils se décident à la révéler, c'est à la fin d'une longue conversation, après mille parenthèses circonlocutoires. (M. M.)

(1) La mission française se divise de nouveau à Kong. Le capitaine Binger et M. Marcel Monnier partent pour le Diammalo. Ils sont accueillis hospitalièrement à Satama, capitale du petit royaume de même nom; puis, par Gamo et par les forêts, arrivent le 10 juillet au village d'Attakrou, sur le Comoé. Le 17, ils atteignent Bettié, dont le roi Bénié-Contamié les traite avec prévenance. Le 23 juillet, la mission opérait sa rentrée à Grand-Bassam. (C. S.)

(2) Le docteur Crozat succomba, dans ce voyage, à la maladie entre Téngréla et Sikasso. Le lieutenant Braulot l'avait quitté à Kong pour se rendre au pays de Bamo. (C. S.)

Dans tous les actes de Karamokho-Oulé et de ses *jamas* (chefs) se révèle cette préoccupation constante d'assurer, dans la mesure du possible, la sécurité des blancs, leurs hôtes, leurs alliés. Le vieux roi, notamment, qui, lors du premier voyage de Binger, n'a pas craint de braver et a su retourner l'opinion publique en accueillant le nouveau venu, malgré les clameurs de la foule ignorante, celui-là est, à coup sûr, un ami Le tremblement de sa voix, la façon dont il nous prend les mains, au moment de nous quitter, en disent long. Oui, il est heureux d'avoir revu, une fois encore, ses amis de France. Il est bien vieux, qui sait si nous nous retrouverons jamais face à face? Mais quoi qu'il arrive, lui et les siens resteront fidèles à leurs promesses...

Il y avait tout cela dans le geste d'adieu du vieillard, les mains tendues, son visage fin levé vers les étoiles. Un seul serviteur l'accompagnait. Autour de nous, un grand silence. Sur la plaine piquée d'arbres grêles, pas un cri d'insecte ni d'oiseau; pas un frisson, dans les hautes herbes, sur les paillottes du camp endormi. Et j'ai trouvé je ne sais quel charme indéfinissable, une pointe de mélancolie très douce, à ce dernier entretien, la nuit, dans un sentier désert.

MARCEL MONNIER.

ENFANTS NÈGRES A KONG.